Editores / *Publishers*
León Goldstein
Sonia Passio

Textos / *Texts*
Gonzalo Monterroso

Traducción / *Translation*
Graciela Smith

Fotografía / *Photography*
Jorge Luis Campos, Martín Gómez Álzaga,
Enrique Limbrunner, Ron Lovelace,
Stefano Nicolini, Melito Cerezo

Diseño / *Design*
Sonia Passio

Operador Mac / *Mac operator*
Duilio Molina

Asistente editorial / *Assistant Publisher*
Rosa Achugar

Corrección de textos / *Proofreanding*
M.B.L.L.

© 2001 Bifronte S.R.L.
Segunda edición, segunda reimpresión de Editorial El Ateneo
© GRUPO ILHSA S.A., 2005
patagones 2463 - (C1282ACA) Buenos Aires - Argentina
Tel.: (54 11) 4943 8200 - Fax: (54 11) 4308 4199
E-mail: editorial@elateneo.com

Foto de tapa/ *Cover photograph:* Avenida 9 de Julio, Teatro Colón y el Obelisco./
9 de julio avenue, Colón Theater and the Obelisk.
Contratapa/ *back cover.* Esquina en San Telmo. / *A corner at San Telmo.*
Portada / *Cover page:* Gardel da la bienvenida. / *Gardel greets the reader.*

FICHA BIBLIOGRÁFICA / *Bibliographic Card*
Título / *Title:* Buenos Aires
Contenido: Buenos Aires, textos e imágenes / *Contents: Buenos Aires, text and images*
Formato / *Format:* 230 x 210 mm
Páginas / *Pages:* 128

BUENOS AIRES

A **Editorial El Ateneo**

BIFRONTE

...Mi Buenos Aires querido
cuando yo te vuelva a ver
no habrá más penas ni olvido.

...My dear Buenos Aires
when I see you again
there will be no more pain or oblivion.

Calle Corrientes. /
Corrientes street.

Vista de Buenos Aires desde el Río de la Plata. / *View of Buenos Aires from the Río de la Plata.*

Acceso a Puerto Nuevo. A la derecha el Yacht Club. / *Puerto Nuevo Access. On the right, the Yacht Club.*

Puerto de Buenos Aires.

Port of Buenos Aires.

Club de Pescadores frente a la avenida Costanera Norte. / *The Fishermen's Club facing Costanera Norte avenue.*

Puerto Madero y las torres de Catalinas. / *Puerto Madero and the Catalinas Towers.*

Museo Fragata Presidente Sarmiento anclado frente a Puerto Madero. /
Presidente Sarmiento Museum-Frigate anchored in front of Puerto Madero.

Casino flotante en Puerto Madero. / *Floating Casino at Puerto Madero.*

Otra vista de Puerto Madero. / *View of Puerto Madero.*

Torres de Catalinas. / *Catalinas Towers.*

Avenida Costanera Sur. / *Costanera Sur avenue.*

Fuente de las Nereidas, de Lola Mora, en la Costanera Sur. /
Lola Mora's Fountain of the Nereids *on Costanera Sur.*

17

La Aduana y el detalle del frontis. / *The Customs House and a detail of its façade.*

Vista aérea de la Plaza de Mayo. / *Aerial view of Plaza de Mayo.*

El Cabildo. / *The Cabildo (colonial Town Hall).*

Plaza de Mayo y Catedral Metropolitana. / *Plaza de Mayo and Cathedral of Buenos Aires.*

Torre de la Legislatura de la Ciudad. / *Tower of the City Legislature.*

Panorámica de la Casa Rosada, sede del gobierno nacional.

Panoramic view of the Pink House, see of the national authorities.

25

Patio interior de la Casa Rosada con la Guardia de Granaderos. /
Inner patio of the Pink House and the Grenadiers' Guard.

Entrada principal de la Casa Rosada, frente a Plaza de Mayo. /
Main entrance of the Pink House, across from Plaza de Mayo.

Banco de la Nación Argentina. / *Argentine National Bank.*

Palacio del Correo, sobre Av. Leandro N. Alem. / *Postal Service Palace, on Leandro N. Alem avenue.*

Vista aérea y cúpula del Pasaje Barolo, sobre la Avenida de Mayo. /
Aerial view and cupola of Pasaje Barolo, on Avenida de Mayo.

Frente del Café Tortoni, café tradicional de la ciudad. / *Façade of Tortoni Café, a traditional café in Buenos Aires.*

Interior del Café Tortoni. / *View of the inside of Tortoni Café.*

La esquina de Florida y Diagonal. / *The corner of Florida and Diagonal.*

Calle Florida. / *Florida street.*

Arte callejero: estatuas vivientes. / *Street art: living statues.*

Frente de las Galerías Pacífico en la calle Florida. / *Façade of Galerías Pacífico on Florida street.*

Interior de las Galerías Pacífico con grandes frescos de pintores argentinos. /
Interior of Galerías Pacífico with great frescos by Argentine painters.

39

Monumento al Libertador en la plaza San Martín. / *Monument honoring the Libertador at San Martín Square.*

La Torre de los Ingleses y la estación Retiro. / *The Tower of the English and Retiro Station.*

Edificio Kavanagh (1936) y edificio del BankBoston (2000) /
Kavanagh building (1936) and BankBoston building (2000).

43

Avenida 9 de Julio. / *9 de Julio avenue.*

Embajada francesa. / *The French Embassy.*

Avenida 9 de Julio y el Obelisco. / *9 de Julio avenue and the Obelisk.*

Diagonal Presidente Roque Sáenz Peña y el Obelisco. / *Diagonal Presidente Roque Sáenz Peña and the Obelisk.*

Corrientes y el Obelisco. / *Corrientes and the Obelisk.*

Frente de El Ateneo, antigua librería de la ciudad (1936) en la calle Florida. / *Façade of El Ateneo, a traditional city bookstore (1936) on Florida street.*

Interior de su última sucursal (2000), en el local del ex cine Gran Splendid. / *Interior of its latest branch (2000), at the site of the former Gran Splendid Cinema.*

Teatro Nacional Cervantes. / *Cervantes National Theater.*

Frente del Teatro Colón. / *Façade of Colón Theater.*

Interior del Teatro Colón. / *Interior of the Colón Theater.*

Monumento a los Dos Congresos y frente del Congreso Nacional. /
Monument honoring the Two Congresses and façade of the National Congress.

Cúpula del Congreso Nacional. / *Cupola of the National Congress.*

Abasto, hoy un importante centro comercial. / *Abasto, today an important shopping center.*

Palacio de Aguas Corrientes. / *Water Service Palace.*

58   La Recoleta: al fondo, el cementerio y la iglesia del Pilar. Enfrente se concentran los bares y restoranes de moda. / *La Recoleta: in the background, the cemetery and the Church of the Pillar. In the foregraund, the fashionable bars and restaurants.*

Iglesia del Pilar, Centro Cultural. / *Church of the Pillar, Cultural Center.*

Paseo de los cines frente al cementerio de La Recoleta. / *Movie theater promenade across from Recoleta Cemetery.*

Cementerio de La Recoleta. / *Recoleta Cemetery.*

Cementerio de La Recoleta. / *Recoleta Cemetery.*

Frente de la iglesia del Pilar. / *Façade of the Church of the Pillar.*

Avenida Alvear. / *Alvear avenue.*

Museo Nacional de Bellas Artes. / *National Fine Arts Museum.*

Plazas en el barrio de La Recoleta. /
Squares in the neighborhood of Recoleta.

Paseo gastronómico en el Buenos Aires Design. / *Gastronomic promenade at Buenos Aires Design.*

Avenida del Libertador: jardines, palacios y edificios residenciales en La Recoleta. /
Avenida del Libertador: gardens, palaces and residential buildings of Recoleta.

Biblioteca Nacional. / *National Library.*

Mezquita, la mayor de América del Sur. / *The largest mosque in South America.*

Jardín Japonés. / *Japanese Garden.*

Panorámica del Centro Cultural Recoleta, el cementerio y el Design Center.

Panoramic view of Recoleta Cultural Center, the Cemetery and the Design Center.

Monumento al General Urquiza en la avenida Figueroa Alcorta. / *Monument to General Urquiza on Figueroa Alcorta avenue.*

Monumento de los Españoles en la avenida del Libertador. / *Monument of the Spanish on Avenida del Libertador.*

El Rosedal; al fondo el museo Eduardo Sívori de pintura argentina. /
El Rosedal; in the background, Eduardo Sívori Museum of Argentine Painting.

El Rosedal. / *El Rosedal (Rose promenade).*

Planetario. / *Planetarium.*

Campo de Polo. / *Polo Fields.*

El desaparecido Gonzalo Heguy
y Bautista Heguy. /
*The late Gonzalo Heguy
and Bautista Heguy.*

Milo Fernández Araujo.

Hipódromo de Palermo. / *Palermo Race Tracks.*

Estadio de River Plate, "el Monumental". / *River Plate Stadium, "el Monumental".*

Estadio de Boca Juniors, "la Bombonera". / *Boca Juniors Stadium, known as "la Bombonera" (the Candy Box).*

81

Estampas tradicionales en la feria dominical de Mataderos. /
*Traditional images at the Sunday
fair in Mataderos.*

Zotto y Milena, obra del artista plástico fileteador Jorge Muscia. /
Zotto y Milena, *work by fillet-painter Jorge Muscia.*

Fileteado aplicado en el transporte público. / *Fillet-painting embellishing public transportation.*

Platería, una artesanía tradicional argentina. / *Silverwork, a traditional Argentine craft.*

Mates y otras piezas de plata. / *Mate gourds and other pieces in silver.*

El Riachuelo y el puente trasbordador. / *Riachuelo and the transfer bridge.*

Muñecos artesanales en el frente de una casa en La Boca. / *Handmade dolls on the façade of a house in La Boca.*

La Boca. Farol y construcciones de chapa. /
La Boca. Street lamp and sheet metal structures.

La Boca. Calle Caminito. / *La Boca. Caminito street.*

91

Viviendas tradicionales de La Boca. / *Traditional abodes of La Boca.*

Frente de chapa tradicional de La Boca. / *Traditional sheet-metal façade in La Boca.*

Trío de tango en La Boca. / *Tango trio at La Boca.*

Bailarínes de tango. / *Tango dancers.*

Botes en el Riachuelo. / *Boats on the Riachuelo.*

La sirga, bajorrelieve de Julio César Vergottini en Caminito. /
La sirga, *basrelief by Julio César Vergottini at Caminito.*

Feria de anticuarios en la Plaza Dorrego, de San Telmo. /
Antiques fair at Plaza Dorrego, in San Telmo.

Esquina en San Telmo. / *A corner of San Telmo.*

San Telmo: puesto en la feria dominical. / *San Telmo: a stand at the Sunday fair.*

Vidriera en San Telmo. / *Shop window at San Telmo.*

Tango en la Plaza Dorrego. / *Tango at Plaza Dorrego.*

Discos de pasta y gramófonos en San Telmo. / *Old records and gramophones at San Telmo.*

Homenaje a la carne argentina: dos asadores en restoranes característicos. /
Homage to Argentine beef: two spits at typical restaurants.

Costillar vacuno, asado en cruz. /
Beef ribs on a spit.

Chivitos al asador. /
Barbecued goat on a spit.

Buenos Aires

Estando en este puerto de Santa María de Buenos Ayres que es en las provincias del Río de la Plata, ago e fundo una ciudad. Con esta declaración del explorador Juan de Garay comenzó su existencia la capital de la Argentina. En junio de 1580, Garay trazó el rumbo de unas pocas calles en torno de la Plaza Mayor, que en aquella época era la plaza más austral del mundo. Buenos Aires fue fundada como avanzada de un país de fantasía, que indígenas y conquistadores poblaron de fabulosas riquezas jamás encontradas. El precio de aquella utopía se pagó con una infancia de pobreza. El primer centenario de la ciudad no pudo ser festejado por falta de medios.

Las iglesias fueron los edificios mejor construidos, aun cuando se derrumbaron varias veces. Por eso los ingleses las ocuparon militarmente durante las invasiones de 1806-1807. Declarada capital del Virreinato del Río de la Plata en 1776, Buenos Aires dejó de ser la villa periférica y creció como ciudad portuaria y aduanera.

A partir de la disolución de la estructura política virreinal —entre 1810 y 1820— la Argentina fue un conglomerado de provincias semiindependientes junto a vastos territorios sometidos al poder indígena. Durante 60 años no tuvo capital oficial. Buenos Aires era el centro político y económico de la provincia más rica: el estado de Buenos Aires. En 1880, el municipio de Buenos Aires fue separado de la provincia de Buenos Aires, convirtiéndose en un territorio federal destinado a ser la capital de la Argentina. En 1887 se sumaron los partidos (municipios) de Belgrano y San José de Flores, arrabales de quintas que fueron urbanizados a partir del ferrocarril (1857) y de los nuevos hábitos residenciales provocados por las epidemias que asolaron Buenos Aires (1867-1871).

Tan pronto como fue sancionado aquel desmembramiento, surgió la necesidad de fijarle una divisoria terrestre a los límites ya establecidos: el Río de la Plata y el Riachuelo. De esta forma nació la **avenida General Paz**, trazada en mitad del campo por funcionarios futuristas y completada recién en 1941. La General Paz, como se la llama, está en la esencia misma de la federalización de Buenos Aires. En el sentimiento colectivo, simboliza el límite virtual que se interpone entre el inapelable centralismo porteño (la Capital) y los dilatados dominios provinciales (el interior). Debido a que la metrópoli fue ocupando el territorio vacante hasta desbordar aquella circunvalación, los argentinos terminaron confundiendo el municipio con la ciudad que albergaba a su autoridad.

La Constitución de 1994 suprimió la municipalidad porteña, otorgando a la ciudad de Buenos Aires el título de Ciudad Autónoma. Si bien el nuevo *status* político no la priva de seguir siendo la capital de la Argentina —en ella tienen sede los tres poderes republicanos—, los porteños siguen llamándola, equivocadamente, Capital Federal, aun cuando a partir de 1996 eligen libremente a su Jefe de Gobierno, cargo que antiguamente ocupaba un intendente nombrado por el presidente de la Nación. Los nostálgicos se refieren a ella como la Reina del Plata, inmortalizando el tango *Buenos Aires*, estrenado en un sainete, en 1923, cuando el Obelisco no estaba en la men-te de nadie, y consagrado en una memorable grabación de Carlos Gardel, en 1930: *Buenos Aires, cual a una querida, si estás lejos, mejor hay que amarte, y decir toda la vida, antes morir que olvidarte.*

Entre 1850 y 1880 el país se unifica en torno a un gobierno central, reuniendo los valores de la sociedad criolla con los aportes de la creciente inmigración europea. En veinte años, la población de Buenos Aires creció de 81.000 habitantes (1850) a 187.000 (1870). El gusto académico francés y el eclecticismo *fin de siècle* encontraron a la capital rioplatense con dinero y sin arquitectura propia. En su afán por hacerse moderna, Buenos Aires despreció su pasado colonial, apelando a los gustos estéticos que llegaban de Europa, donde una elite política, literaria y ganadera gustaba pasar largas temporadas. Se importaron proyectos, técnicos y materiales. En pocas décadas, la arquitectura se desarrolló a un ritmo vertiginoso, con obras hechas para durar. Por su ostentación y su tamaño, los mejores edificios todavía hoy son tildados de palacios. A medida que el *desierto* fue ganándose al indio, los ferrocarriles encontraron tierra llana para extenderse, transportando al puerto de Buenos Aires la producción de los campos más ricos del mundo y trazando los ejes de su expansión. El tranvía y el colectivo unieron los barrios y suburbios nucleados en torno de las estaciones y la ciudad se expandió más allá de sus propios límites. Buenos Aires crece casi biológicamente. La pampa y el río, esas llanuras opuestas de piedra y de agua a las que se refiere el escritor Eduardo Mallea, jamás presentaron obstáculo a su naturaleza expansiva. Van quedando cada vez más lejos.

La contemplación del río es completamente imposible en casi toda la extensión de la ciudad, se lamentaba el viajero Jules Huret, en 1910. Dos décadas más tarde, el célebre arquitecto Le Corbusier confirmó públicamente el divorcio manifiesto de la ciudad con su río, cuya presencia se ha ido ocultando concienzudamente a los ojos del habitante urbano. Una encuesta reciente prueba que sólo uno de cada dos porteños vio el Río de la Plata en el último mes. Los proyectos costeros y la falta crónica de planificación devoran sus orillas barrosas. Si bien el desembarco en Buenos Aires siempre resultó dificultoso, la costa rioplatense alberga una de las mayores densidades de embarcaciones deportivas del mundo.

En torno del Centro giran los **barrios**. Hay barrios que en otros lugares del mundo serían ciudades, como Belgrano (160.000 habitantes) y Flores; y otros que se resisten a ser metrópoli, como Mataderos, que debe su nombre a los corrales y mataderos de ganado, donde nace el preciado bife argentino. En la feria dominical de Mataderos todavía pueden degustarse empanadas y pastelitos y presenciar una carrera de sortija, deporte gaucho muy practicado en los círculos tradicionalistas. Los barrios van construyendo el paisaje con avenidas y marquesinas. El fútbol es una pasión nacional que contribuyó a definir la personalidad de algunos barrios. En esta materia, Buenos Aires es diferente a otras capitales futbolísticas del mundo: cada club tiene su propio estadio y en el barrio de sus amores. Borges creía que el verdadero Buenos Aires estaba en los barrios amigables. En *Fervor de Buenos Aires* declara su preferencia por *las calles desganadas del barrio.* En otro pasaje confiesa: *Buenos Aires es la otra calle, la que no pisé nunca, es el centro secreto de las manzanas, los patios últimos.* El vecino del barrio frecuenta el Centro sólo por necesidad. El Centro no pertenece a ningún barrio. Es el barrio de todos y de nadie; en todo caso, de los oficinistas y turistas. Cierto que los barrios céntricos llevan el nombre oficial de las antiguas parroquias. Pero los porteños prefieren ignorarlo, llamándolos por su nombre de pila: Once, Abasto, Congreso, Tribunales, Barrio Norte. El templo de Las Catalinas, edificado hacia 1740, prestó su nombre a las torres de oficinas del Bajo (Catalinas Norte). Es otro de los topónimos consagrados por el mercado inmobiliario, propagándose a lo largo del puerto hasta La Boca (Catalinas Sur). Es creencia literaria y sentimental que los barrios porteños son cien. Pero los que pueden ser trazados oficialmente en el mapa no superan la mitad. La geografía barrial acepta de buen grado la superposición de fronteras. Ningún porteño, por ejemplo, cree que el populoso barrio de Belgrano termine en la esquina de Cabildo y Zabala, ni que la Universidad de Belgrano tenga su sede en Palermo, como manda la cartografía canónica. Los vecinos jamás se involucran en fronteras tan dogmáticas.

En el Centro y en los barrios alternan construcciones academicistas, racionalistas, modernas y posmodernas. De tanto en tanto, una mirada al cielo porteño basta para comprobar que las mejores cúpulas de la ciudad son habitables y no pertenecen a la arquitectura religiosa. Una versión abreviada del chalet pintoresquista es el dúplex, casitas gemelas en un mismo lote. Los llamados "barrios de casitas baratas" —creados en otra época para satisfacer una demanda social— hoy despiertan interés como modelo de vida barrial. La antigua y recatada casa chorizo, amable con el clima y las buenas costumbres, dejó su impronta en el lote largo y angosto —de allí su nombre—, que los altos precios de la tierra llevaron a ocupar con departamentos en altura, llamados "en propiedad horizontal". Estos condominios constituyen la tipología edilicia dominante en la ciudad y se presentan en versión estándar y de categoría. Su característica sobresaliente es el balcón. Todos los porteños dispuestos a vivir en la altura aspiran a ocupar el suyo. El balcón —abierto o cerrado con vidrio o rejas— cumple funciones de jardín de plantas, mirador, solario, parrilla, secarropas, desván. A la libre convivencia de estilos, Buenos Aires agrega su declarado fervor por la arquitectura de última generación y por el reciclado de espacios que consagran nuevas formas de vivir (*loft*) y de comprar (*shopping*).

Hasta fines del siglo XIX, Buenos Aires creció guardando un perfil bajo. Tuvo su Alameda, tiendas y frigoríficos, pero siguió siendo *La Gran Aldea*, título inmortalizado por el escritor uruguayo Lucio V. López, en 1884. Cuando llovía, sus calles de tierra se convertían en lodazales intransitables. Luego fueron mejoradas con baldosas de granito (adoquines) y se iluminaron con aceite de potro. Los carros aguateros proveían de agua potable a la ciudad. Sólo unas pocas casas contaban con aljibes (pozos de brocal elevado). La federalización fue el detonante del crecimiento edilicio de Buenos Aires, que despertó a la modernidad rasgando con avenidas la inviolable trama colonial. Para abrir la **Avenida de Mayo**, el intendente Torcuato de Alvear mandó demoler un ala del Cabildo y la Recova Vieja de la Plaza de Mayo. De esta manera, la ciudad del futuro daba por tierra con la ciudad virreinal. La Avenida de Mayo es símbolo de la *belle époque* argentina. Bajo su calzada corre el tren subterráneo más antiguo de América latina, inaugurado en 1913. La estación Perú aún conserva un regusto a tiempos idos. A cielo abierto, la profusión de estilos y detalles que engalanan su recorrido poco ha cambiado, sobre todo si el peatón es afecto a levantar la vista. La animaban antiguamente teatros, clubes aristocráticos, bares (el café Los 36 Billares, inaugurado en 1882, puede considerarse un precursor del clásico "bar-billares"), comedores al paso (el casi extinguido *grill* es el ancestro del "patio de comidas"), tiendas tradicionales (la mítica Gath y Chaves) y edificios de renta que hicieron época en la ciudad, como el majestuoso **Barolo**, coronado por un faro y sobre cuyo estilo nadie ha pronunciado sentencia definitiva. Los clásicos hoteles de la Avenida de Mayo todavía conservan las letras de cuerpo colocadas en los balcones. Y hasta existe un edificio que dispone de hoteles de pasajeros por piso, una rareza local que no defraudará a quienes pretenden comparar esta avenida con la Gran Vía madrileña. A partir de 1890, cuando la traza mutiló toda una fila de manzanas, algunos edificios abrieron un segundo frente a la avenida, como el célebre **Café Tortoni**, fundado en 1858, heredero de los antiguos ateneos literarios que poblaron los sótanos de los hoteles de renombre.

Corrientes se hizo avenida a costa de perder sus mejores recuerdos. El tango, el sainete y el teatro nacional marcaron su historia de calle angosta, cuando la gente se saludaba entre veredas. Fue apodada "la calle que nunca duerme", allá por 1920, por sus cines y tertulias noctámbulas, activas hasta muy tarde. En sus memorables cabarets y cafetines bohemios *el tango levantó su rancho aparte*, como diría el poeta Enrique Cadícamo. En el teatro El Nacional —catedral del sainete— debutó Carlos Gardel, en 1914; y en 1933 cantó por última vez en Buenos Aires antes de su partida fatal. Aunque el tango ya no es patrimonio exclusivo de Corrientes, festeja su cumpleaños en la esquina de Corrientes y Esmeralda, a la que en otra época —y según el decir de Celedonio Flores— *dieron lustre las patotas bravas*.

Corrientes se anima con espectáculos artísticos y culturales, cinematecas, librerías de lance (los libros al alcance de la mano siempre serán una tentación porteña), confiterías y las pizzerías consagradas de la ciudad. La avenida gravita decididamente hacia el **Obelisco**, que le concedió su primera plaza y su primer monumento. El Obelisco nació de sus entrañas (está fundado sobre el túnel del subterráneo), cuando la avenida Nueve de Julio no era la más ancha del mundo sino la más corta. De los muchos simbolismos que se le atribuyen, el Obelisco encarna el alma de la ciudad que se proyecta hacia las altu-

ras. Como todo monumento destinado a perdurar, debió parecer un tanto ampuloso para una ciudad en mutación. *En el lugar del viejo farolito / se levantó soberbio el Obelisco*, sentenció el tango. Se discutió si era pirámide, obelisco o simplemente un monumento. Después de ser ridiculizado en los teatros de revistas y de haberse propuesto su demolición, el Obelisco terminó convirtiéndose en el emblema turístico de Buenos Aires.

Cada avenida tiene su *modus vivendi*, su particular manera de frecuentarla. La recova de la **avenida Leandro Nicéforo Alem** constituye la mayor originalidad del espacio urbano porteño. Fue imaginada para continuar el perfil de la Plaza de Mayo a lo largo de aquella primera avenida costanera que tuvo la ciudad. La clase pudiente gusta pasear y comprar en las tiendas de la **avenida Santa Fe**, que desemboca en **Plaza San Martín**, la genuina plaza-parque del Centro. Allí la ciudad se toma un respiro, algunas calles se ensanchan más de la cuenta, crece la botánica, los edificios pueden ser vistos en escorzo y hasta se plantea la posibilidad de escapar en varias direcciones, sin someterse a la implacable tiranía de la cuadrícula. En el paisaje campean el Plaza Hotel y el rascacielos **Kavanagh** que, mal que les pese a sus competidores más modernos, conserva una de las mejores siluetas de la ciudad. Palacios de raza anticipan los afrancesamientos de la **plaza Carlos Pellegrini**, situada a mitad de camino entre Retiro y La Recoleta, o mejor aún, entre Buenos Aires y París. La calle Arroyo, con su elegante requiebre, es el cordón umbilical.

Mientras se anuncia su postergada remodelación urbana, el Bajo Retiro es un barrio ambulante donde hormiguean pasajeros y colectivos, todos en procura del tren suburbano. La **estación Retiro** es la obra cumbre de la arquitectura ferroviaria argentina. Como el buen casimir, lleva el sello inglés en el orillo metálico de su colosal estructura. Un servicio de trenes suburbanos llega hasta **Tigre** (30 km). Con su animada estación fluvial y su paseo ribereño, es punto de partida de las típicas lanchas-colectivo de madera que se internan en el Delta del Paraná. De paso, vale la pena apearse en **San Isidro**, que luce el casco histórico mejor conservado del Gran Buenos Aires. En su tradicional hipódromo con pista de césped se disputa anualmente el Gran Premio Internacional Carlos Pellegrini, una de las competencias turfísticas más importantes del mundo.

Una chacra cedida a los monjes franciscanos y convertida en retiro monástico dio nombre al aristocrático barrio de **La Recoleta**. Hacia 1730, la iglesia del Pilar fue edificada como templo del convento. Hoy es la iglesia preferida de la alta sociedad porteña y una de las mejor restauradas y conservadas. El claustro se convirtió en asilo y sus pabellones reciclados dieron origen al animado centro cultural y galería de objetos de diseño, que se ha vuelto referente indispensable en materia de decoración (los porteños son muy afectos a remodelar sus baños y cocinas). Dos avenidas distinguen a La Recoleta: Alvear y Quintana. Desembocan en la pradera del antiguo convento, donde no faltan los oficios y rebusques callejeros de fin de semana. Mostrarse, pasear y divertirse en La Recoleta tiene su antecedente en las romerías del Pilar y de San Pedro de Alcántara, muy populares hacia 1820. Incluso en ellas se improvisaban barracas y tablados donde se exhibían baratijas religiosas y profanas de fabricación casera, antecedente de la concurrida feria de artesanías de Plaza Alvear. Bares y restaurantes rodearon al cementerio histórico y escultórico más prestigioso de la Argentina. En este barrio de muertos y de vivos se puede pasar una velada teniendo más dinero que el común de la gente, o deambular entre mesitas al aire libre y mausoleos al sol sin gastar más de la cuenta. El **Museo Nacional de Bellas Artes** —con importantes exposiciones y colecciones abiertas al gran público— y la **Biblioteca Nacional** animan el circuito cultural que caracteriza al entorno de La Recoleta. Buenos Aires es pródiga en exposiciones de arte, conferencias y conciertos gratuitos. Infinidad de espacios multiculturales se acomodan a la fervorosa y cambiante demanda cultural, convocando a los amantes del teatro experimental, la danza, el cine de autor, la poesía y un sinfín de propuestas no siempre comerciales.

En el **Parque Tres de Febrero** se acriollaron árboles y pájaros de los más diversos climas. En los terrenos avenados y parquizados por el caudillo Juan Manuel de Rosas para provecho personal, Sarmiento concibió la idea de un parque público, inaugurado en 1875. Los deportes fueron tempranamente practicados en el parque. Allí se encuentran el centenario Hipódromo Argentino, el Campo de Polo, el Velódromo Municipal, el Club de Golf y el Buenos Aires Lawn Tennis. El Planetario se inauguró en 1966, en el mismo solar que ocupara el Buenos Aires Cricket Club, y cien años después de que se disputara allí el primer partido de fútbol de la ciudad. Junto al lago de Palermo se creó el **Paseo del Rosedal**, recientemente remozado. Bajo el largo viaducto de arcos enladrillados nació una nueva generación de bares y discotecas que renuevan el interés por la moda de entretenerse en el parque, nacida con el *pituco* y legendario cabaret *Armenonville* y con los romanticones y ya desaparecidos *guindados* de Villa Cariño.

El barrio de **Palermo** surgió en la periferia del parque, cuando se lotearon las quintas y comenzó a circular el tranvía a caballo por la avenida Santa Fe (1873). En el uso cotidiano, Palermo es topónimo ferroviario (estación de tren y subte). El Palermo de los colectivos se llama Pacífico, por el antiguo nombre del ferrocarril a Chile que pasaba sobre el puente de la avenida Santa Fe. **Paler-**

mo **Chico** dispensa las primeras calles curvas que se divisan a poco de abandonar el Centro. La encrucijada de **Plaza Italia** es el baricentro energético de todos los Palermos, el lugar donde se aborda el colectivo, el subterráneo o el *mateo* de tranco lento, según la ocasión, sin olvidar que desde allí partió el primer tranvía eléctrico de Buenos Aires. Se acude a Plaza Italia para visitar los toros y caballos de raza que se exhiben cada año en la **Exposición Rural**, o el tigre "rayado, asiático, real" del Zoológico; o simplemente para recluirse en el **Jardín Botánico**, una auténtica selva urbana. A la vista del ecuestre y aventurero Garibaldi se dispara la primera perspectiva del Palermo vegetal. Marchando en sentido contrario, el caminante gustará conocer **Palermo Viejo**, barriada de pasajes angostos y calles arboladas, que va camino a convertirse en el Soho porteño. En sus pequeñas casas-tienda se consiguen desde abrigos *posmo* de lana de llama hasta budas en posición de loto y fetiches africanos. Bares y escondites culturales exaltan la literatura de cordel y promueven veladas de karaoké, mateadas con torta frita y lecturas de Nietszche. En los últimos treinta años, talleres mecánicos, conventillos y casonas sentenciadas a muerte fueron rescatados del olvido por neoporteños que propician una vuelta a los zaguanes y patios atiborrados de malvones y santarritas.

Va de suyo que toda gran metrópoli se nutre de contrastes. Buenos Aires asume los propios a la luz de una historia teñida de contradicciones. Nació de un puerto que debía "abrir puertas a la tierra", pero las restricciones al comercio portuario impuestas por España a sus colonias paralizaron a Buenos Aires, que durante dos siglos se vio forzada a vivir del contrabando. Los míticos túneles del Barrio Sur confirman esta realidad. Aunque el nombre del puerto (Buenos Aires) sobrevivió al de la ciudad (De la Santísima Trinidad) y acabó por imprimir el rótulo distintivo a sus habitantes (porteños), Buenos Aires tardó tres siglos en construir un puerto digno. Hasta fines del siglo XIX, el puerto no era más que una orilla cenagosa donde los pasajeros desembarcaban chapoteando en el agua y eran trasladados a tierra firme en chalupas y carretas anfibias. *Nada más calamitoso que el desembarco en una de las más hermosas ciudades de América*, escribe el comerciante inglés William Hadfield, hacia 1860. En cambio, cierto viajero que llegó por vía marítima acompañando a la infanta Isabel de Borbón, en 1910, habla de grandiosos diques, dársenas y depósitos. Había nacido finalmente el puerto de Buenos Aires, postergado por las dificultades geográficas —escasa profundidad del estuario— y por largas marchas y contramarchas. La reciente revitalización urbana lo convirtió en la nueva Alameda porteña. Hoy los barcos operan en Puerto Nuevo y los turistas recorren **Puerto Madero**, último barrio oficial de Buenos Aires y el más caro de la ciudad. Su arquitectura vernácula son los auténticos galpones portuarios de ladrillos, construidos hace cien años y transformados en *lofts* y restaurantes de moda. Los molinos y silos cerealeros dejan su lugar a una ciudad cinco estrellas que desafía el legado de la romántica y perdida Costanera Sur.

La gran inmigración hizo su entrada a la Argentina a través del puerto de Buenos Aires. Hasta 1910, arribaban unos 800 inmigrantes por día. En el **Hotel de Inmigrantes** se les brindaba alojamiento, asistencia social y sanitaria, oficina de empleo y traslado, enseñanza de labores agrícolas, domésticas e idioma, nociones de historia y legislación laboral, todo lo cual hoy parece inverosímil. Los inmigrantes poblaron los barrios portuarios, como Barracas, La Boca y San Telmo, transformando en incómodos inquilinatos (conventillos) las casonas abandonadas por la clase pudiente cuando la peste promovió el éxodo a las quintas del norte de la ciudad (La Recoleta, Palermo, Belgrano). Descubrir los contrastes entre barrios más populares y otros más elegantes, pero igualmente próximos al Centro, es receta segura para improvisar con éxito paseos más informales por la ciudad. Con motivo de los festejos del centenario argentino (1910-1916), las colectividades homenajearon al país con obras significativas, como la Torre de los Ingleses y el llamado Monumento de los Españoles, cuya prominente silueta y su fuente —siempre requeridas por los novios para fotografiarse en noche de bodas— prestaron su entorno para la gran misa que celebró el papa Juan Pablo II durante su visita a la Argentina.

La **inmigración** —principalmente italiana y española, pero también semita, anglosajona, eslava, caucásica, mestiza africana y asiática— contribuyó a consolidar la compleja simbiosis cultural de Buenos Aires, con saludables afluentes sobre la arquitectura, las letras, la gastronomía, las artes, las ciencias y la industria.

Buenos Aires no creó guetos nacionales como otras ciudades del mundo. Sin demasiada prolijidad geográfica, los términos *gringo, ruso, turco, gallego, tano* se volvieron populares para no discriminar a nadie e involucrar a todos. El chipá —que sucede al mate en la herencia guaranítica— es una tibia conquista en el país del pochoclo y la garrapiñada. La babel porteña está probada. Buenos Aires lleva el nombre de una virgen sarda (Bonaira), impuesto por un caballero andaluz (don Pedro de Mendoza) y confirmado por la pluma de un cronista bávaro (Ulrico Schmidel). El patrono es un monje húngaro que llegó a ser obispo francés (San Martín de Tours). El paje de la Virgen de Luján era caboverdeano. Los mejores talladores de retablos coloniales fueron portugueses. La pizza y el fileteado no pueden eludir su estirpe italiana. El mítico cantante de Buenos Aires fue francés, tal vez uruguayo: Carlos Gardel, quien vivió en el Abasto cuando era barrio de inmigrantes y de tango. Los colores de River Plate son genoveses y los de Boca Juniors, suecos. También era sueco el arquitecto que edificó la primera Casa de Gobierno. El primer mercado de esclavos y los primeros frigoríficos fueron regenteados por ingleses. Los bares del Centro siguen cultivando el arte del sándwich, ingenioso invento de un lord inglés.

La Boca es un pólder urbano invadido cada domingo por el tango y los turistas, y de tanto en tanto por el agua que impulsa la sudestada. Antiguo arrabal portuario, fue poblado por inmigrantes genoveses que le imprimieron su impronta inconfundible. Lo simboliza el pasaje Caminito, colorido atajo barrial popularizado por el tango *Caminito* y por el pintor Benito Quinquela Martín (1890-1977), quien dedicó su vida a interpretar el escenario de su barrio adoptivo, contagiándole al mismo tiempo su paleta de colores. Hoy como ayer, el olor y el aspecto del **Riachuelo** impresionan al viajero. Más de 3.000 industrias y 30 basurales contaminan su cuenca (2.200 km^2), donde viven 3,5 millones de personas (casi el 10% de la población nacional). La mitad de sus habitantes lo utiliza como cloaca. Hacia 1868, Richard Burton —hombre de mundo y erudito orientalista— estuvo en Buenos Aires y quiso conocerlo: *Una lenta descarga de barro negro que a menudo se enrojece por lo que arrojan una docena de saladeros. El aire huele entonces a carne, tanto podrida como fresca; uno empalidece, se siente en alta mar, toma un trago y declara que toda la atmósfera circundante es muy saludable.* En los arrabales del Riachuelo, Burton repara en las casitas de chapa asentadas sobre pilotes. Las condiciones fundacionales del suelo barroso, la amenaza de las inundaciones y la inseguridad con que se pactaba el alquiler del terreno favorecieron el hábitat liviano y desmontable, el cual impresionó vivamente al viajero Marmier, a mediados del siglo XIX: *Frente al puerto se extiende el pueblito* *donde cada habitante ha construido su morada según su fantasía y de acuerdo con su fortuna, sin hacer caso de la monótona regularidad de las ciudades.*

Si el casco antiguo de las ciudades europeas puede reconocerse por su trazado más irregular, no ocurre lo mismo con Buenos Aires. De su ciudad colonial, que fue pobre en materiales y constructores, sólo puede ofrecer calles y veredas angostas trazadas a cordel. En el barrio de **Catedral al Sur** (hoy Monserrat, o Montserrat) alternan ministerios monolíticos, conventillos restaurados y las mejores iglesias de antaño. La **Manzana de las Luces** albergó el primer Parlamento argentino (la Legislatura de la Provincia de Buenos Aires), la primera sede de la Universidad de Buenos Aires y también la oficina de los yerbales jesuíticos. El comercio inglés dio origen al desarrollo de la zona hotelera y bancaria: la City porteña, antiguo barrio de **Catedral al Norte**. La **Plaza de Mayo** se interpone entre ambos micromundos. Garay la concibió como plaza de tropas y de mercado. Es el escenario de festejos, protestas, desfiles, adhesiones políticas, mítines y recitales de tono partidista. Cuando nada de eso sucede, transeúntes y palomas conviven pacíficamente. La Legislatura de la Ciudad y el Cabildo le conceden las torres que nunca tuvo la Catedral. Un catálogo de estilos y construcciones diferentes conforman el ámbito de la plaza, pero el conjunto resulta pintoresco, proporcionando una imagen inconfundible para el sentimiento ciudadano.

Florida es la calle donde caminan los porteños todo el día y se muestran los políticos de vez en cuando, donde se ofrece *good leather* a los que demuestran no tener *facha* ni prisa de nativos. Ya no es la Regent Street que conoció el capitán Burton, donde se hallaban los mejores comercios de la ciudad. Pero conserva algunos hitos destacados. Una librería como las de antes: El Ateneo; un atajo urbano: galería Güemes; un centro comercial refinado: Galerías Pacífico; un palacio de la *belle époque*: el Centro Naval; un bar para mostrarse: el Florida Garden; un oasis para recluirse: la confitería Richmond.

El primer **Teatro Colón** abrió sus puertas en 1857 y estaba situado frente a Plaza de Mayo, mientras que en el solar que hoy ocupa se encontraba la estación Parque, primera estación ferroviaria del país. El edificio actual fue inaugurado oficialmente en 1908 con la representación de la ópera *Aída*, de Verdi. Libre de construcciones linderas y de letreros de publicidad —toda una rareza porteña en materia de patrimonio urbano—, el Colón puede mostrar con orgullo su maciza arquitectura italianizante. Pero como todo teatro que se precie de tal, sus verdaderas virtudes deben apreciarse puertas adentro. Dispone de 2.500 asientos y espacio para 1.500 espectadores de pie. Es una de las instituciones culturales mejor dotadas de la Argentina. Para desarrollar su repertorio lírico y sinfónico, el Colón produce íntegramente sus espectáculos, desde vestuarios y decorados hasta sus cuerpos artísticos, que reúnen a más de 400 integrantes de orquestas, ballet y coro estables. Para dar aún más brillo a su temporada anual, convoca a afamados músicos y directores extranjeros, quienes consideran al Colón uno de los más perfectos y bellos teatros de ópera del mundo.

Buenos Aires se pone íntima en los bares y cafés, siempre amparados en un rito porteño ineludible: el "salir a tomar algo". Los hay para hacerse notar o para sumirse en el olvido, para estudiar, para disputar una partida de billar o dominó, para antes o después de la oficina, para esperar llamadas telefónicas; bares de día y de noche, bares para ser recibido con el diario o con una caricia; para hablar de dinero o de fútbol. Los grandes cristales modernos, los fueros de la televisión y la discriminación al fumador van acabando con la antigua costumbre de elegir el mejor sitio junto a una ventana. Muchos bares y confiterías permanecen abiertos hasta la madrugada. Tan próximo como el bar se encuentra el quiosco: de flores, de golosinas, de diarios y revistas. El verdadero quiosco porteño se abre a la calle sólo a través de una ventanita o pequeño escaparate, aun cuando pueda formar parte de un almacén, un bar y hasta de la vivienda de quien lo atiende. Viven de la urgencia insatisfecha, del antojo repentino o del olvido ajeno. Venden de todo: galletitas, alfajores, cigarrillos, bebidas, artículos de tocador, cordones de zapatos, naipes, figuritas infantiles, alicates, aspirinas, velas, pegamentos, billetes de lotería, tarjetas telefónicas, fichas de parquímetros, pilas, pañuelos descartables, bolígrafos, preservativos. Nada más deprimente que un quiosco desprovisto. El vendedor, casi siempre acorralado entre *displays*, anaqueles, vitrinas y toda una batería de golosinas que procura tener al alcance de la mano, también puede informar acerca de las esquivas paradas de colectivos.

El colectivo porteño nació en 1928, cuando la crisis económica alentó a los taxis a levantar pasajeros con recorridos fijos. Desde entonces, se multiplicaron en infinidad de ramales imposibles de identificar. En ciertas calles se le impusieron carriles, pero el colectivo no es especie domesticable ni tiene vocación castrense que le haga encolumnarse en una fila. En más de 70 años de servicio, los colectivos ganaron la puerta trasera, el piso bajo, la máquina de boletos automática y el favor de los vendedores ambulantes. Conservaron la música a gusto del chofer y la media luz tanguera que caracteriza el incierto servicio nocturno. Perdieron el mal hábito de viajar con la puerta abierta y la buena costumbre de exhibir mapas de recorrido, además de algunos objetos devocionales y efectos decorativos tales como espejos nacarados y luces de *piringundín*. Todavía se recuerda el fileteado, arte popular muy utilizado antiguamente para deco-

rar carruajes, camiones y colectivos. Pleno de ornatos floridos y polícromos, el fileteado se vale de retratos, banderas argentinas, proverbios anónimos y sentencias callejeras patrióticas, burreras o laborales, algunas veces provocadoras y hasta maliciosas, que el fileteador —mezcla habilidosa de letrista y pintor— combina con imaginación. Desde que los carros desaparecieron y los colectivos fueron ganados por la era del *plotter*, el fileteado se ha vuelto un arte sobre tablas para bares, recordatorios y ambientaciones de época.

A veces la ciudad se encoleriza con los porteños, diría el poeta Baldomero Fernández Moreno, *harta de ser paseada, mirada, escudriñada*: baldosas flojas que salpican los zapatos, perros que ensucian las veredas o que asustan detrás de algún cerco (en pocas ciudades del mundo los perros gozan de tantas prerrogativas como en Buenos Aires), macetas y enfriadores que chorrean desde balcones y cornisas, nieblas matinales que paralizan un aeropuerto mal ubicado. Una efeméride, una protesta estudiantil o la clásica ofrenda floral al pie de alguno de los cientos de monumentos pueden embrollar el tránsito en las calles céntricas hasta contagiar la histeria. Los "pasos a nivel" no serán invento argentino pero todos los porteños, ricos y pobres, se han educado aguardando con paciencia o sin ella el paso de un tren que viene en camino. Se trata de otra supervivencia de la pampa. Los caminos de tierra se hicieron avenidas pavimentadas, los transportes, más veloces; pero el sistema de cruzar una vía férrea no ha cambiado esencialmente en Buenos Aires.

Otra incomodidad porteña es la sudestada. Sopla de tanto en tanto, dejando su tendal de paraguas rotos en las esquinas ventosas del Microcentro. Cuando llueve un poco más de la cuenta las calles se inundan como en la época colonial. El pampero (viento seco patagónico) restablece el buen tiempo pero no disipa las quejas de los vecinos por la limpieza de arroyos que el progreso condenó al oscuro mundo de los túneles. Nada fastidia tanto al habitante de Buenos Aires como el clima, aun cuando la temperatura media anual ronda los 18°C y seis o siete meses al año se prestan para andar en mangas de camisa. Si el porteño se siente mal dirá que "el tiempo está pesado". Si llueve y sale el sol rezongará: "el tiempo está loco". Es frecuente escuchar por la radio que "el tiempo está horrible", simplemente porque llueve o está por llover. Más o menos en la misma época en que la cosecha de Beaujolais invade los bares de París, en las calles y parques de Buenos Aires florecen lapachos rosados y azulea el jacarandá; fresias y jazmines tucumanos perfuman las florerías callejeras y se aclimatan dócilmente en los escritorios de oficina. El verano está determinado por las fragantes magnolias y los paloborrachos, que estallan en flores que parecen orquídeas. Altísimas tipas ascienden tan alto como lo imaginó Carlos Thays, el supremo hacedor de la floresta porteña; y los vigorosos gomeros pueden acaparar con su sombra toda una esquina o una plaza. En su variada botánica, Buenos Aires cobija una considerable cantidad de pájaros. A despecho de los inconformistas, el cielo azul y la luz de Buenos Aires han sido elogiados por pintores y viajeros. Felizmente, los buenos aires que respiraron virreyes y cabildantes aún se empeñan en despejar el cielo, contribuyendo a disipar la creciente polución urbana.

El **tango** es la música de Buenos Aires que trascendió las fronteras y agradó al mundo. Nació hacia 1870-1880 como síntesis de la música criolla, negra e inmigrante. Tales componentes sólo podían mezclarse genuinamente en los burdeles portuarios y ambientes orilleros. Según el escritor Abelardo Arias, *el tango es el alma secreta y un tanto vergonzosa de la ciudad.* Para el poeta Enrique Santos Discépolo, *es un pensa-miento triste que se baila.* Ernesto Sabato recuerda que este baile ha sido sucesivamente reprobado, ensalzado, satirizado y analizado. No fue música popular hasta bien entrado el siglo XX, después de haber ganado el conventillo arrabalero y los salones de París. Y tampoco se bailó como hoy se baila. Primero lo bailaron los hombres en las veredas y mercados. Las primeras bailarinas fueron pupilas prostibularias y mujeres de conventillo que se atrevieron al compadrito. Las "orquestas típicas", bandoneonistas y poetas lo profesionalizaron, asumiendo su condición de canción ciudadana. Los espectáculos se multiplican, repartidos entre aquellos que protagonizan bailarines y conjuntos profesionales y los que practica la gente en *bolichones* y tanguerías de entrecasa, algunos de los cuales comienzan a ser visitados por los turistas. El barrio de **San Telmo** cuenta con un veintena de bares y tanguerías donde se cultiva el tango-show, impracticable para el lego, aunque de todos modos hechizante. Ofrecen espectáculos de destreza tanguera junto con un repertorio de tangos célebres. San Telmo fue el primer arrabal que tuvo Buenos Aires. Algunos pasajes todavía sugieren la escala que tuvo la ciudad de antaño. Fueron atajos al río, recuerdo de una época en que el barrio tenía playa de tosca, barcos y pescadores. El fin de semana funciona la concurrida feria de anticuarios donde se baila tango en la calle, en la misma plaza donde antes se detenían las carretas a las puertas de la ciudad. Los domingos a la tarde, en un ambiente más distendido y puramente barrial, la gente baila tango en la plaza de Barrancas de Belgrano.

La culinaria porteña —básicamente española, italiana y francesa— no difiere demasiado de las recetas que las guías denominan Cocina Internacional, y se ofrece en todos los rincones de la ciudad. Muy afecto a "salir a comer afuera", el habitante de Buenos Aires ha consagrado numerosos paseos gastronómicos: La Recoleta, Puerto Madero, Monserrat, San Telmo, Las Cañitas,

Palermo Viejo, la Costanera. Ya se trate de carnes, pastas o milanesas, son apreciadas las porciones abundantes y sabrosas. El visitante no debe abandonar la ciudad sin antes haber degustado la pizza y los helados. Los afamados vinos argentinos —tradicionalmente ofrecidos en los restaurantes— comienzan a ganar su lugar en los bares de copas. En Buenos Aires se pueden comprar alimentos frescos que en otros países sólo se adquieren envasados, tales como galletitas sueltas (en panaderías y almacenes) y pastas caseras, que se venden en las consagradas "fábricas de pasta" barriales, listas para cocinar.

El **asado** nació de la frugalidad pampeana. En su vida errante, el gaucho siempre tenía en sus manos la posibilidad de carnear una res para saciar su apetito. El asado aprovecha todas las partes del animal, echándolas a la parrilla y transformándolas en manjares gastronómicos. No es cocina elaborada, pero la pericia del asador hace la diferencia. El secreto de un buen asado depende de la calidad de la carne, de la forma de hacer el fuego (con carbón o con leña), de la disposición en la parrilla de cortes y achuras (entrañas) y del uso de la sal, limón y otros aditivos. El reparto de las brasas no es asunto menor. La buena praxis manda dosificarlas de acuerdo al calor necesario, a fin de lograr una cocción pareja y a gusto del comensal. Se prepara y come asado en las casas, en las obras en construcción, en los restaurantes, tanto a la parrilla como al asador. El nativo típico se desvive por un bife a la parrilla. Para consagrar este ritual en terreno propio, muchos porteños aspiran a tener su casita con *quincho* (cobertizo al aire libre). El asado con cuero no se ofrece en la ciudad; sólo ocasionalmente en el ámbito rural, como espectáculo para agasajar a extranjeros en las estancias. Además de la vaca, otros animales pueden acompañar el asado: chivitos, corderos, cerdos (lechones), pollos, junto a provoletas (rodajas de queso), morrones, papas, etc.

Buenos Aires se encuentra en la misma latitud que Ciudad del Cabo (en el Hemisferio Sur) y que Los Angeles (en el Hemisferio Norte). Alberga un tercio de la población de la Argentina y acapara el 26% del producto bruto nacional. Se estima que el área metropolitana tiene unos 12.200.000 habitantes, repartidos en 3.900 km^2 (1,5 veces la superficie de Luxemburgo). La cuarta parte de la población corresponde a la Ciudad de Buenos Aires (200 km^2). Llegó a ser una de las diez ciudades más grandes del mundo pero hace unos cuarenta años que su población se mantiene constante. La periferia, en cambio, crece tentacularmente a lo largo de avenidas y vías férreas. Sólo dieciséis megalópolis en el mundo son más populosas que Buenos Aires. En América, es superada por San Pablo (22 millones), México (19 millones), Nueva York (18 millones) y Los Angeles (14 millones). La capital de la Argentina recibe anualmente unos 10 millones de turistas, de los cuales 6,5 millones provienen del interior del país. Más allá de la periferia urbana se multiplican las estancias que se brindan al turismo de fin de semana. Las propuestas culturales y de esparcimiento que la caracterizan, así como también su oferta hotelera y gastronómica, que reúne todos los niveles de calidad y precio, hacen de Buenos Aires una ciudad de temporada todo el año.

Buenos Aires

Present at this port of Saint Mary of Buenos Ayres, which is located in the provinces of the Río de la Plata, I hereby make and found a city. This declaration of explorer Juan de Garay gave birth to the populous capital of Argentina. In June 1580, Garay traced the layout of a few streets around a Main Square, at that time the southernmost square in the world. Buenos Aires was founded as the outpost of a nonexistent country, which natives and conquistadors populated with fabulous riches that were never discovered. The price of that utopia was paid with a childhood of poverty. The first centennial of the city could not be celebrated because of lack of funds.

The churches, the best constructed buildings, collapsed several times and were easily occupied by the British during the invasions in 1806-1807. After being declared the capital of the Viceroyalty of the Río de la Plata, in 1776, Buenos Aires ceased to be a peripheral village and grew as a port and Customs city.

After the dissolution of the vice royal political structure, between 1810 and 1820, Argentina became a conglomerate of semi independent provinces next to vast territories which were subjected to the might of the natives. For 60 years it had no official capital. Buenos Aires was the political and economic center of the richest province: the State of Buenos Aires. In 1880, the municipality of Buenos Aires was separated from the province of Buenos Aires, becoming a federal territory, destined to be the capital of Argentina. In 1887 it was joined by the municipalities of Belgrano and San José de Flores, cultiva-tion areas that became urbanized by the advent of the railroad (1857) and by new residential habits prompted by the epidemics that plagued Buenos Aires (1867-1871).

As soon as the separation of Buenos Aires had been decreed, it became necessary to determine a land border to complete the already established limits of the Río de la Plata and the Riachuelo river. Thus was born **General Paz Avenue**, drawn in the middle of the fields by futuristic officials and completed only in 1941. *La General Paz*, as it is called, represents the very essence of the federalization of Buenos Aires. In the collective sentiment, it symbolizes the virtual limit between the indisputable *porteño* centralism (the Capital) and the extensive dominions of the provinces (the Interior). As the metropolis gradually occupied vacant territory, overflowing its beltway, Argentines ended up confusing the municipality with the city that houses its authority.

The Constitution of 1994 did away with the *porteño* municipality, conferring the city of Buenos Aires the title of Autonomous City. Since its new political status does not prevent her from being the capital of Argentina —the three republican powers have their seat there—, *porteños* mistakenly continue calling it Capital Federal, even though since 1996 they have been freely choosing their Jefe de Gobierno (Head of Government), a position occupied of old by a mayor appointed by the President of the country. The nostalgic refer to her as *la Reina del Plata* (the Queen of the Río de la Plata), immortalized in the tango *Buenos Aires*, presented in a one-act farce in 1923, when the Obelisk was not even around, and launched to fame in a memorable recording by Carlos Gardel, in 1930:

Buenos Aires, just as a mistress, when you are far away it is better to love you, and to say, all life through, I'd rather die than forget you.

Between 1850 and 1880 the country became united around a central government, integrating the values of the Creole society with the contributions of the growing European immigration. In twenty years, the population of Buenos Aires grew from 81,000 inhabitants (1850) to 187,000 (1870). French academic taste and the eclecticism of the *fin de siècle* took over a capital with lots of money and without a characteristic architecture. In her eagerness to become modern, Buenos Aires rejected her colonial past, opting for the aesthetic tastes coming from Europe, where a political and literary cattle-raising Argentine elite chose to spend long periods. Projects, technicians and materials were imported. In a few decades, the architecture of the city developed at a vertiginous pace; lasting works were built, reminiscent of palaces due to their flamboyance and generous proportions. As the desert was conquered from the Indians, the railroads found favorable plains to expand, transporting the production of the richest plains in the world to the port of Buenos Aires and developing the axes of its growth. Tramways and buses connected the neighborhoods and suburbs clustered around the railroad stations and the city extended beyond its own limits. Buenos Aires grew almost biologically. The pampas and the river, opposite plains of stone and water in the words of writer Eduardo Mallea, were never an obstacle to its expanding nature. They are gradually becoming farther and farther removed.

Contemplation of the river is almost impossible from practically any point of the city, lamented traveler Jules Huret in 1910. Two decades later, the famous architect Le Corbusier publicly confirmed the manifest divorce of the city from its river, whose presence has been gradually and carefully hidden from the urban inhabitant's sight. A recent poll shows that only one of two *porteños* has seen the Río de la Plata in the last month. Coastal projects and a chronic lack of planning devour its muddy banks. Although disembarking in Buenos Aires has always been difficult, the coast of the Río de la Plata is among the most densely populated by sports vessels in the world.

The **barrios**, or neighborhoods, revolve around the downtown area, building the landscape with their avenues and marquees. There are neighborhoods such as Belgrano (160,000 inhabitants) and Flores, which would be considered cities in other parts of the world, and others that resist becoming metropolis, such as Mataderos, which owes its name to the slaughterhouses where the famed Argentine steak is born. At the Sunday fair in Mataderos it is still the custom to savor *empanadas* and sweet pies as you watch a *carrera de sortija* (horse race), a gaucho sport still widely practiced within the traditionalist circles. Soccer, the national passion, has contributed to define the personality of some neighborhoods. In this sense, Buenos Aires is different from other soccer capitals in the world: each club has its own stadium in its fans' neighborhood. Borges believed that the real Buenos Aires resided in the friendly neighborhoods: in *Fervor de Buenos Aires* he declares his preference for *the indolent streets of the neighborhood*, and confesses: *Buenos Aires is the other street, the one I never stepped on, it is the secret center of the blocks, the last patios.* The inhabitant of a neighborhood goes downtown only when he needs to. The City does not belong to any neighborhood. It is everybody's and nobody's neighborhood; in any case, it is the neighborhood of office clerks and tourists. Although the downtown neighborhoods bear the official names of the old parishes, *porteños* choose to ignore this fact, calling them by their first name: Once, Abasto, Congreso, Tribunales, Barrio Norte. The church of Las Catalinas, built towards 1740, lent its name to the office towers in the Bajo (Catalinas Norte). It is one of those place names raised to fame by the real estate market, used to refer to the area along the port to La Boca (Catalinas Sur). The literary and sentimental legend states that there are one hundred neighborhoods in Buenos Aires. However, only half of them can be traced on a map. The neighborhood geography affably accepts a superimposition of borders. No *porteño*, for instance, believes that the populous neighborhood of Belgrano ends at the corner of Cabildo and Zabala, or that the University of Belgrano has its seat in Palermo, as the canonical cartography indicates. Neighbors never get involved in such dogmatic questions of borders.

Academicist, rationalist, modern and postmodern buildings stand side by side in the City as well as in the neighborhoods. Once in a while, a look at the *porteño* sky shows us that the best cupolas are inhabitable and do not form part of religious architecture. An abbreviated version of the picturesque chalet is the duplex, twin houses built on the same lot. The so-called "cheap housing neighborhoods" —created in other eras in order to satisfy a social demand— are today an interesting model of neighborhood life. The old and decorous *casa chorizo* (sausage house), in tune with the climate, left its mark on the long, narrow lot from which it takes its name; the high prices of land would later lead to the building of apartment high rises with multiple owners. These condominiums constitute the predominant architectural type in the city, both in standard and luxury versions. Its most outstanding feature is the balcony. Every *porteño* willing to live in the heights dreams of having a balcony. Whether open, enclosed in glass or protected by iron bars, the balcony can be a garden, an observation point, a solarium, a barbecue place, an extension of the laundry room, or an

attic of sorts. Besides a free combination of styles, Buenos Aires displays its undisguised preference for last generation architecture and the recycling of spaces that set up new forms of living (lofts) and shopping (shopping malls).

Until the end of the nineteenth century, Buenos Aires grew keeping a low profile. It had its Alameda (poplar-shaded promenade), stores and meat processing plants, but it was still *La Gran Aldea* (*The Great Small Town*), a title given to it by Uruguayan writer Lucio V. López en 1884. Whenever it rained, its dirt streets became impassable mud holes. They were later improved with granite cobblestones and lighted with horse oil. Horse-drawn carts provided the city with water. Only a few houses boasted their own *aljibes* (wells). Federalization sparked the growth of building in Buenos Aires, which awakened to modernity by slashing the impenetrable colonial web with avenues. In order to build **Avenida de Mayo**, Mayor Torcuato de Alvear had a wing of the Cabildo (the colonial Town Hall) and the Recova Vieja (the Old Market) of the Plaza de Mayo torn down; the city of the future was doing away with the vice royal town. Avenida de Mayo is a symbol of the Argentine *belle époque*. Beneath its paved surface runs the oldest subway train in Latin America, inaugurated in 1913. Perú Station still preserves the flavor of bygone times. Under the open sky, the profusion of styles and details that embellish the path of the avenue has changed little, especially for those who like to look up into the heights. In former times it was enlivened by theaters and aristocratic clubs, bars such as Los 36 Billares (one of the precursors of the billiards cafés), inaugurated in 1882, snack bars (the almost extinct *grill* is the ancestor of the fast food place), traditional department stores (like the mythical Gath and Chaves) and rental buildings which marked an epoch in the city; a good example of the latter is the majestic **Baro-**

lo, crowned by a lantern, whose style defies characterization. The classic hotels on Avenida de Mayo still boast their names in block letters on their balconies. There is even a building that has different hotels for passengers on different floors, a local rarity that makes many compare this avenue to the famous Gran Vía in Madrid. After 1890, when the layout of the avenue mutilated an entire row of blocks, some buildings opened a second front onto it; one of these was the celebrated **Tortoni Café**, founded in 1858, the successor of the old literary athenaeums that crowded the basements of renowned hotels.

Corrientes became an avenue at the cost of losing its best memories. The tango, the one-act farce and national theater characterized its history as a narrow street, when people would greet each other from sidewalk to sidewalk. Towards 1920 it was referred to as "the street that never sleeps" on account of its movie theaters and late night gatherings. In its memorable cabarets and Bohemian cafés *the tango made its own place for itself* stated poet Enrique Cadícamo. Carlos Gardel made his debut at El Nacional theater, the cathedral of the one-act farce, in 1914; it was there that he sang for the last time in Buenos Aires, in 1933, before his fatal accident. Although the tango is no longer an exclusive patrimony of Corrientes, it celebrates its birthday at the corner of Corrientes and Esmeralda, a corner which in olden times was *made famous by the street gangs*, according to Celedonio Flores.

Corrientes comes alive with artistic and cultural shows, film libraries, sidewalk bookstores (books within easy reach have always been a porteño temptation), bars, and the famous pizza parlors. It decidedly gravitates towards the **Obelisk**, which gave the avenue its first square and its first monument. The Obelisk was born from its depths (it is founded on the subway tunnel), when

Nueve de Julio avenue was not the widest but the shortest avenue in the world. Of the many symbols attributed to it, the Obelisk incarnates the soul of the city rising towards the heights. As every monument destined to last, it must have seemed somewhat pretentious for a city undergoing changes. *In place of the little street lamp/ there rose the haughty Obelisk*, said the words of a tango. There was controversy as to whether it was a pyramid, an obelisk or simply a monument. After being ridiculed at the vaudeville theaters and threatened with demolition, the Obelisk ended up becoming the tourist emblem of Buenos Aires.

Every avenue has its *modus vivendi*, its particular way of welcoming people who walk through it. The Old Market of **Leandro Nicéforo Alem Avenue** constitutes the most original of Buenos Aires urban spaces. It was designed to continue the profile of the Plaza de Mayo along the first riverside avenue of the city. The well-to-do like to stroll and shop along **Santa Fe Avenue**, which runs into **Plaza San Martín**, the most important square and park of the City. The city takes a break there; some of its streets become unusually wide, the greenery increases, buildings can be admired at foreshortened angles, and there is even the possibility of fleeing in several directions, free from the implacable tyranny of the gridline pattern. The landscape is dominated by the Plaza Hotel, always displaying its numerous flags, and the **Kavanagh** skyscraper, which, despite the efforts of more modern competitors, is still one of the most beautiful in the city. Patrician palaces anticipate the French influence noticeable at **Carlos Pellegrini Square**, halfway between Retiro and La Recoleta, or better yet, between Buenos Aires and Paris. The umbilical cord joining these is brazenly crooked Arroyo street.

As its delayed urban renewal is announced, Bajo Retiro is a nomadic neighborhood crowded with buses and passengers looking for the suburban trains. **Retiro Station** is the masterpiece of Argentine railway architecture. Like fine woolen cloth, it bears the English seal of quality in its colossal structure. One of the suburban lines goes as far as **Tigre** (about 19 miles). With its busy fluvial station and its riverside promenade, Tigre is the point of departure of the typical wooden passenger launches that go into the Delta of the Paraná river. On our way to Tigre, it is worth making a stop at **San Isidro**, which boasts the best preserved historical country estate building in the Greater Buenos Aires area. The annual Carlos Pellegrini International Grand Prix, one of the most important horse-racing competitions in the world, takes place on its traditional grass turf hippodrome.

A small farm donated to the Franciscan monks and turned into a monastic retreat was the origin of the aristocratic neighborhood of **La Recoleta**. Towards 1730, the Church of the Pillar was built as the convent church. Today it is the church of the *porteño* high society as well as one of the best preserved. The monastery became an asylum and its recycled wings were turned into a busy cultural center and design gallery, which has become an indispensable referent for interior decorators (*porteños* are very fond of remodeling their kitchens and bathrooms). Two avenues, Alvear and Quintana, characterize La Recoleta. They run into the meadow of the old convent, where street vendors liven up the weekend stroll and social promenading, which have a direct antecedent in the pilgrimages of Pilar and of San Pedro de Alcántara, very popular towards 1820. Even in those times, cheap homemade religious artifacts were exhibited in makeshift stalls, very similar to those of the crafts fair of Plaza Alvear. Bars and restaurants surround the most prestigious historic and sculptural cemetery in Argentina. In this two-world neighborhood, one can spend an evening and more money than the average person, or take a leisurely walk among open air stalls and mausoleums in bright sunshine without spending a fortune. The **National Museum of Fine Arts**, with its important exhibits and collections open to all types of public, and the **National Library** complete the cultural circuit that characterizes the area of La Recoleta. Buenos Aires generously offers art exhibits, lectures and concerts. Endless multicultural spaces accommodate the fervent flux of cultural demand, appealing to lovers of experimental theater, dance, movie reviews, poetry readings and a host of other non-profit options.

Birds and trees of the most diverse climates have made their home at the **Tres de Febrero Park**. It was Sarmiento's idea to create a public park, inaugurated in 1875, on lands that had been drained and treed by the *caudillo* Juan Manuel de Rosas for his own personal use. The centenary Argentine Hippodrome, the Polo Field, the Municipal Cycling Track, the Golf Club and the Buenos Aires Lawn Tennis Club are located in the park. The Planetarium was inaugurated in 1966, on the same land that had been occupied by the Buenos Aires Cricket Club, one hundred years after the first soccer game of the city had been played there. The **Paseo del Rosedal** (Rose Promenade), recently renovated, was created next to Palermo Lake. Under the brick arches of the long viaduct a new generation of bars and discotheques was born, renewing the fashion of spending the leisure hours at the park, originally introduced by the classy and legendary *Armenonville* cabaret and by the romantic and extinct *guindados* (drive-in bars) of Villa Cariño.

The neighborhood of **Palermo** arose in the periphery of the park, when the country estates were subdivided and the horse-drawn tramway started circulating along Santa

Fe Avenue (1873). In its daily use, Palermo is a railroad name place, both as a train and subway station. On bus itineraries Palermo is called Pacífico, after the old name of the railway going to Chile, which ran over the bridge on Santa Fe Avenue. **Palermo Chico** presents the first curved streets to be seen soon after leaving the downtown area. The different Palermos converge at the crossroads of **Plaza Italia**, where one can take the bus or the subway as easily as the slow-paced *mateo*, a horse-drawn open carriage; it is worth remembering that the first electric tramway of Buenos Aires started out from that area. Plaza Italia is the place to go if you want to visit the pedigreed bulls and thoroughbred horses exhibited each year at the **Rural Exposition**, or the striped royal Asian tiger at the **Zoo**, or simply seek refuge at the **Botanical Garden**, a veritable urban forest. Before the eyes of the statue of equestrian adventurer Garibaldi the first perspective of the vegetal Palermo fans out. Marching in the opposite direction, the hiker will enjoy visiting **Palermo Viejo**, a neighborhood of narrow alleys and treed streets that is gradually becoming the Soho of Buenos Aires. Everything from post modern llama wool sweaters to images of Buddha in the lotus position and African carved figures can be gotten in its small stores. Bars and cultural hideaways exalt literature and promote karaoke nights, gatherings drinking mate tea and eating fritters, and readings of Nietszche. In the last thirty years, car repair shops, tenement houses and condemned old mansions have been rescued from oblivion by *neoporteños* who foster a return to doorways and patios overgrown with geraniums and bougainvillea.

Every great metropolis is nurtured by contrasts. Buenos Aires assumes its own in the light of a history colored by contradictions. It was born out of a port designed to be "a gateway to the land", but the restrictions imposed by Spain on its colonies' maritime commerce paralyzed Buenos Aires, and during two centuries it was forced to subsist on smuggling. The mythical tunnels of the South Side confirm this reality. Although the name of the port (Buenos Aires) survived that of the city (De la Santísima Trinidad) and ended up giving its inhabitants their distinctive label (*porteños:* port people), it took Buenos Aires three centuries to build a decent port. Until the end of the nineteenth century, the port was nothing more than a muddy bank where passengers disembarked splashing in the water and were taken to firm land in sloops and amphibious wagons. *Nothing more calamitous than disembarking at one of the most beautiful cities in America*, writes the English merchant William Hadfield, towards 1860. Instead, a certain member of the retinue of Infanta Isabel de Borbón, who arrived by sea in 1910, spoke of grand docks, piers and warehouses. The port of Buenos Aires, set back by a long succession of decisions and counter-decisions, had finally been born. The recent urban revitalization has turned it into the new Alameda of Buenos Aires. Today, ships dock at Puerto Nuevo and tourists walk around **Puerto Madero**, the latest official neighborhood of Buenos Aires and the most expensive in the city. Its typical architecture consists of the original brick port warehouses, built one hundred years ago and transformed into lofts and fashionable restaurants. The grain mills and silos have given way to a five-star city area that challenges the legacy of the romantic and lost Costanera Sur (riverside promenade).

The great influx of immigrants entered Argentina through the port of Buenos Aires, arriving, until 1910, at a rate of some 800 immigrants per day. At the **Immigrants Hotel** they were given shelter, social services and health care; there were employment and transportation offices, and they were taught about farming and housekeeping, the language, history and labor legislation. Today all these services seem to us hard to believe. The immigrants settled in the neighborhoods around the port, such as Barracas, La Boca and San Telmo, transforming the mansions abandoned by the rich when the plague promoted their exodus towards the country estates in the north of the city (La Recoleta, Palermo, Belgrano) into uncomfortable tenement houses. Discovering the contrasts between the popular and the more elegant neighborhoods that lie close to the downtown area is a sure recipe for successful informal wanderings around the city. On the occasion of the Argentine centennial (1910-1916), the communities of immigrants celebrated the country with meaningful monuments such as the Tower of the English and the Monument of the Spanish; the latter's prominent figure and water fountain, favored by newlyweds as a background for their wedding photographs, were the perfect frame for the great mass celebrated by Pope John Paul II during his visit to Argentina.

Immigration —mainly Italian and Spanish, but also Semitic, Slavic, Caucasian, and of African and Asian descent— contributed to consolidate the complex cultural symbiosis of Buenos Aires, with salutary effects on architecture, letters, gastronomy, the arts, the sciences and industry.

Buenos Aires did not create *ghettos* by nationality as did other cities in the world. Without much geographic meticulousness, the terms *gringo, ruso, turco, gallego, tano* became popular, involving everyone without discriminating against anyone. *Chipá*, a type of cheese bun that follows mate tea in the Guarani culture, is a warm conquest in a country of popcorn and candied peanuts. The *porteño* Babel is a fact. Buenos Aires carries the name of a Sardinian Virgin (Bonaira), imposed by an Andalusian knight (Don Pedro de Mendoza) and confirmed by the pen of a Bavarian chronicler (Ulric Schmidel). Its patron saint is a Hungarian monk who became a French bishop (Saint Martin of Tours). The page of the Virgin of Luján was from Cape Verde. The best carvers of colonial retables were Portuguese. Pizza and fillet painting cannot deny their Italian ancestry. Carlos Gardel, the mythical singer of Buenos Aires who lived in the Abasto when it was a neighborhood of immigrants and tango, was French, or perhaps Uruguayan. The colors of River Plate, the soccer club, are Genoese, and the colors of Boca Juniors, Swedish. Also Swedish was the architect who built the first Government House. The first slave market and the first slaughterhouses were managed by the British, and the downtown bars continue to practice the art of the sandwich, the clever invention of an English lord.

La Boca is an urban polder, invaded every Sunday by tango and tourists, and once in a while by the waters of a southeast wind storm. An ancient port slum, it was populated by Genoese immigrants who gave it its unmistakable look. It is symbolized by the Caminito alleyway, a picturesque cul-de-sac immortalized by the tango of the same name and by the work of painter Benito Quinquela Martín (1890-1977), who dedicated his life to depicting the scenes of his adoptive neighborhood, at the same time impregnating it with his colorful palette. Today as always, the visitor is shocked by the look and smell of the **Riachuelo** river. Over 3,000 industries and 30 garbage dumps contaminate its basin (543,631 acres) inhabited by 3,5 million people (over 10% of the national total). Half of its inhabitants use it as a sewer. Towards 1868, Richard Burton —a man of the world and erudite Orientalist— visited Buenos Aires and wanted to see the Riachuelo: *A slow discharge of black slime that often reddens with the product of the dumping of a dozen salting houses. The air then smells of meat, both rotten and fresh; one pales, feels as if at high sea, takes a drink and declares that all the surrounding atmosphere is very* *salubrious*. On the outskirts of the Riachuelo, Burton noticed the sheet metal houses built on piles. The foundational characteristics of the muddy ground, the threat of floods and the uncertain lease conditions favored the development of a lightweight type of dwelling, easy to disassemble, which vividly impressed Marmier, a traveler, towards the middle of the nineteenth century: *Across from the port there extends a small town where every inhabitant has built his abode according to his fancy and his fortune, ignoring the monotonous uniformity of any city.*

The old areas of European cities can be recognized by their irregular layout; this is not the case with Buenos Aires. All that is left of the colonial city, which was poor in materials and builders, is straight, narrow streets and sidewalks, laid out with the help of a piece of string. In the neighborhood of **Catedral al Sur** (South of the Cathedral, today Monserrat, or Montserrat) there alternate monolithic ministries, renovated tenement houses and the best churches of yore. The **Manzana de las Luces** (the block of the Enlightenment) housed the first Argentine parliament (the Legislature of the Province of Buenos Aires), the first see of the University of Buenos Aires and the office of the Jesuit mate tea plantations. English commerce gave origin to the development of the hotel and banking area: the City, the old neighborhood of **Catedral al Norte** (North of the Cathedral). The **Plaza de Mayo** comes between both microcosms. Garay conceived it as a troop concentration square and marketplace. It has been the scene of celebrations, protests, parades and political demonstrations of adhesion, meetings and recitals. When nothing of the kind is going on, pigeons and passers-by spend time together peacefully. The Legislature of the City and the Cabildo lend it the towers that the Cathedral never had. A catalog of different styles and buildings surrounds the plaza, giving it both a picturesque air and a distinctive image, dear to the feeling of the city.

Porteños walk up and down **Florida street** all day long; politicians put in an appearance once in a while and *good leather* is offered to those who do not look local or show any of the local haste. Florida is no longer the Regent Street that Captain Burton knew, where the best stores of the city could be found, but it still preserves some important milestones: an old-fashioned bookstore, El Ateneo; an urban shortcut, Galería Güemes; a refined shopping center, Galerías Pacífico; a palace of the *belle époque*, the Naval Center; a high profile bar, Florida Garden; an oasis to find refuge in, Richmond Tea Room.

The first **Colón Theater**, located across from Plaza de Mayo, was inaugurated in 1857; on the lot it occupies today was the first train station in the country, Parque Station. The present building was officially inaugurated in 1908 with the performance of Verdi's opera *Aida*. Separated from any other neighboring buildings and free of any billboards —a true rarity when it comes to urban patrimony— the Colón Theater can proudly display its solid Italianate architecture. However, the true virtues of a good theater must be appreciated from within. The Colón has seating for 2,500 spectators and can accommodate another 1,500 on their feet. It is one of the best equipped cultural institutions in Argentina. In order to develop its lyrical and symphonic repertoire, the Colón produces its own shows, from costumes and backdrops to their artistic companies, which gather over 400 members of orchestras, ballet and choirs. It makes its annual season brighter by engaging famous foreign musicians and directors, who consider the Colón Theater one of the most beautiful opera theaters in the world.

Buenos Aires becomes intimate in its bars and cafés, always involved in an unavoidable *porteño* ritual: "going out for something to drink". There are places where you can go to be noticed, and those where you go to vanish into oblivion; there are places where you can study, play a game of pool or domino, spend time before or after going to the office, or wait for a phone call; there are daytime bars and evening bars, bars where you can get a newspaper or a caress, bars where you can talk of money or soccer. Modern crystal windows, the intrusion of television and discrimination against smokers are slowly killing the old custom of choosing the best place next to a window. Many bars and tea rooms are open until dawn. As easily accessible as the bar is the *quiosco*: flower, candy and newspaper stands are everywhere. The true *porteño* stand opens onto the street only through a small window, even though it may form part of a larger structure, such as a grocery store, a bar or even its owner's abode. *Quioscos* thrive on the unsatisfied urges, sudden cravings or mere forgetfulness of passers-by. They sell everything: crackers and cookies, *alfajores*, cigarettes, drinks, articles of personal hygiene, shoelaces, playing cards, children's collectible cards, aspirin, candles, glue, lottery tickets, phone cards, parking tokens, batteries, tissues, ball point pens, condoms. There is nothing more depressing than a poorly stocked *quiosco*. The vendor, usually trapped among displays, shelves, and a battery of munchies that he tries to keep at hand, can also be of help when you need information about elusive bus stops.

The *colectivo porteño*, or metropolitan bus, was born in 1928, when the economic crisis encouraged taxi drivers to pick up passengers with fixed itineraries. Since then, the different bus lines have branched off in all directions, many of them impossible to identify. Certain streets have designated lanes for them, but the *colectivo* is not easy to tame, nor does it have a vocation for marching in line. In 70 years of service, the city buses have gone through many improvements: a back door, lower floors, an automatic ticket vending machine and the patronage of street vendors. They have kept the music —the driver's choice— and the soft lights that characterize the uncertain evening service. They have lost the bad habit of traveling with open doors and the good habit of exhibiting a map of their itinerary, and they have dropped the custom of displaying devotional artifacts and decorative effects such as iridescent mirrors and third-rate dancehall lights. Still in the collective memory is fillet painting, a popular form of art very widely used in old times to decorate carriages, trucks and buses. Ornate and polychrome, fillet painting resorts to portraits, Argentine flags, anonymous proverbs and patriotic street phrases, some of them provocative and even bawdy, that the fillet artist, a skilful hybrid of painter and calligrapher, combines imaginatively. With the disappearance of carriages and the advent of the plotter, fillet painting has become relegated to wooden plaques in bars, memorials and period décor.

Sometimes the city becomes angry with the *porteños*, as poet Baldomero Fernández Moreno would say, *tired of being walked through, looked at, scrutinized*: loose tiles splatter on shoes, dogs soil the walkways or scare someone from behind a fence (few cities in the world give dogs as many privileges as they enjoy in Buenos Aires), flower pots and air conditioners drip from balconies and ledges, morning fog disables an ill-located airport. A national celebration, a student protest march or the classical floral offering at the foot of one of the hundreds of monuments can cause a traffic jam that will paralyze the downtown area. Railroad crossings may not be an Argentine invention, but all *porteños*, rich and poor alike, have been brought up to patiently wait for a train on its way. It is another form of survival in the pampas. Dirt roads have become paved avenues and the means of transport have become faster, but the system of crossing the railroad tracks has essentially remained unchanged in Buenos Aires.

Another discomfort typical of Buenos Aires is the *sudestada* (southeast wind storm). It blows once in a while, leaving a trail of broken umbrellas in the windy corners of the City. Under heavy rains the streets flood as they did during colonial times. The *pampero* (dry Patagonian wind) restores the good weather but cannot prevent the neighbors from complaining about the underground streams running through the sewers of the city. Nothing ruffles the Buenos Aires dweller as much as the weather, even though the average annual temperature is around 65°F and you can go around in your shirt sleeves during seven or eight months of the year. If the *porteño* feels down he will say "the weather is heavy". If it rains and the sun comes out he will complain "the weather is crazy". We often hear on the radio that "the weather is horrible", simply because it is raining or about to rain. At about the same time of the year that the Beaujolais invades the bars of Paris, the streets and parks of Buenos Aires blossom with pink lapacho and blue jacaranda, and freesias and jasmine from Tucumán scent the street kiosks and adorn office desktops. Summer arrives with fragrant magnolias and *palos borrachos*, with their orchid-like blossoms. Tall, yellow-flowered *tipas* rise as high as imagined by Carlos Thays, the designer of the Buenos Aires tree scheme, and vigorous rubber trees can easily cover an entire corner or square. Among the branches of its trees, Buenos Aires shelters a great variety of birds. Travelers and painters alike have praised the blue skies and the light of Buenos Aires. Luckily, the good airs breathed by vice kings and colonial officials are still intent on brightening the sky, contributing to clear the growing urban pollution.

Tango, the music of Buenos Aires, has gone beyond its borders and charmed the world. It was born towards 1870-1880 as a synthesis of Creole, black and immigrant music. Such components could only have been genuinely combined in the port whorehouses and slum areas. According to writer Abelardo Arias, *tango is the secret and somewhat shameful weapon of the city*. To poet Enrique Santos Discépolo, *it is a sad thought to be danced*. Ernesto Sabato reminds us that this type of music has been successively dismissed, extolled, satirized and analyzed. It did not become popular until well into the twentieth century, after it had conquered the local slums and the ballrooms of Paris. Nor was it danced as it is today. It was first danced by men on the sidewalks and at the marketplace. The first women dancers were the wards of the whorehouses and the women of the tenement houses who dared to face the *compadritos* (street bullies). The bandoneon orchestras and poets made it "go professional" and assume its condition of city song. Several shows are offered throughout the city, some by professional dancers and orchestras, others in places where local people go dancing and tourists are beginning to visit. The neighborhood of **San Telmo** has about twenty bars and tango places that offer tango-shows, impracticable for the layman but nonetheless fascinating, exhibiting their dancing skills to the sound of some of the best known tango music. San Telmo was the first suburb of Buenos Aires; some of its alleys still hint at the scale on which the old city was built. They were shortcuts to the river, a memory of a time when the neighborhood had a pebbly beach, ships and fishermen. During the weekend there is a well attended antiques fair where there is tango dancing in the street, on the same square where the wagons used to stop at the gates of the city. On Sunday afternoons, in a different, more laid back atmosphere, people dance the tango at the square on Barrancas de Belgrano.

Porteño cooking —basically Spanish, Italian and French— does not differ much from what travel guides call International Cuisine, and can be found in all corners of the city. Very fond of "eating out", the inhabitant of Buenos Aires has endorsed several gastronomical areas: La Recoleta, Puerto Madero, Monserrat, San Telmo, Las Cañitas, Palermo Viejo, la Costanera. Generous, flavorful portions of meats, pasta or *milanesas* (breaded cutlets) can be enjoyed everywhere. Visitors should not leave the city before trying its pizza and ice cream. The famed Argentine wines —traditionally offered at restaurants— are beginning to claim their place at drinking bars. In Buenos Aires you can buy fresh foods that can only be bought pre-packaged in other countries, such as crackers and cookies (available at any neighborhood grocery store or bakery) and freshly made pasta, ready to drop into boiling water, which can be gotten at any neighborhood pasta factory.

Asado (barbecued meat) was born of the frugality of the pampas. steer In his errant life, the *gaucho* always had the possibility of killing a head of cattle to satisfy his hunger. *Asado* uses all parts of the animal, throwing them on a grill and turning them into delicacies. It is not an elaborate dish, but the skill of the cook makes the difference. The secret of a good *asado* is in the quality of the meat used, in the way to make the fire (with coal or with firewood), in the way the different cuts are placed on the grill, and in the use of salt, lemon and other condiments. The disposition of the burning coals is no small matter. Good praxis indicates they should be used sparingly in order to provide even heat and cook the meat to taste. *Asado* is made and eaten at home, in construction sites and in restaurants, both on the grill and on a spit. The typical native goes crazy over a barbecued steak. Many *porteños* dream of having their own little house with a thatch-covered area or *quincho* in their back yard, where the ritual of the *asado* can be performed. *Asado* barbecued on its skin cannot be found in the city; it is occasionally offered in the country, as a curiosity to entertain foreigners at the *estancias*. Besides beef, goat, mutton, pork and chicken can go on the barbecue, accompanied by slices of provolone cheese, red peppers, potatoes and other such.

Buenos Aires is at the same latitude as Cape Town (in the Southern Hemisphere) and as Los Angeles (in the Northern Hemisphere). It houses a third of the population of Argentina and uses over 26% of its National Product. It is estimated that the metropolitan area has about 12,200,000 inhabitants, within an area of 1,505 square miles (1,5 times the surface of Luxembourg). A quarter of the population corresponds to the City of Buenos Aires (77.22 sq. miles). It was once among the ten largest cities in the world, but in the last forty years its population has remained stable. On the other hand its periphery continues to grow, tentacle-like, along avenues and railroads. Only sixteen megalopolis in the world are more highly populated than Buenos Aires. In the Americas, it comes fifth after Sao Paulo (22 millions), Mexico City (19 millions), New York (18 millions) and Los Angeles (14 millions). The capital of Argentina receives about 10 million tourists annually, of which 6,5 millions come from the interior of the country. Beyond the urban periphery are the estancias, which welcome weekend tourism. The cultural and leisure activities offered, as well as the variety of hotels and restaurants at all levels of quality and price make Buenos Aires a city in season year round.

Fotografías / Photographs

Archivo Editorial El Ateneo:
Pág. 50.

Archivo Manrique Zago:
Pág. 3.

Archivo revista "Polo por Jugadores":
Melito Cerezo
Pág. 78.

Enrique Limbrunner:
Págs. 5, 11, 12, 13, 15, 17, 18, 21, 26, 36, 37, 38, 39, 40, 47, 52, 53, 54, 55, 104.

Jorge Luis Campos:
Contratapa y págs. 8/9, 14, 20, 24, 27, 30, 31, 34, 35, 41, 44, 45, 46, 60, 68, 72/73, 81, 89, 91, 92, 96.

Martín Gómez Álzaga:
Tapa y págs. 6, 7, 10, 16, 19, 22, 28, 29, 32, 43, 51, 57, 61, 64, 65, 66, 67, 69, 71, 74, 76, 78, 79, 80, 82, 94, 98, 99, 101.

Ron Lovelace:
Págs. 23, 48, 49, 50, 56, 58, 59, 63, 70, 77, 82, 83, 85, 86, 87, 88/89, 90, 95, 97, 100, 102, 103, 104.

Stefano Nicolini:
Págs. 33, 42, 62, 93.

Artista Plástico Fileteador / *Fillet-Painter:*

Jorge Muscia:
Págs. 4, 84.

Impreso en Verlap S.A.
Comandante Spurr 653
Avellaneda, provincia de Buenos Aires,
en el mes de junio de 2006.